Pour Corinne Abensour. Heureux étudiants !

J.-F. C.

www.casterman.com

ISBN 978-2-203-03056-5

Achevé d'imprimé en janvier 2011, en Chine.
Dépôt légal avril 2011; D.2011/0053/244
Déposé au ministère de la Justice, Paris (loi n°49.956 du 16 juillet 1949 sur les publications destinées à la jeunesse).

Jean-François Chabas

Le Bonheur prisonnier

David Sala

les Albums Casterman

Quand j'étais un très petit garçon, j'ai demandé à mon arrière-grand-mère, en lui montrant la cage minuscule qui pendait au plafond de notre cuisine :

— Pourquoi est-ce que nous avons ça ici, Na ?

Mon arrière-grand-mère a levé son doigt, fin et ridé comme une brindille, et elle a dit :

— Liao, écoute-moi bien. Ceci est la cage du grillon du foyer. Une petite cage d'or. Et le grillon qui est dedans apporte le bonheur à cette maison. Il chante pour nous. Il nous protège. Nous ne sommes pas très riches, mais tu vois, nous lui avons offert une demeure en or. C'est dire s'il est important.

J'ai levé la tête ; le grillon chantait notre bonheur.

J'ai grandi. Au soir de mon septième anniversaire, alors que j'allais à la cuisine pour me chercher un bol de soupe, j'ai entendu, au-dessus de ma tête, le grillon enfermé dans sa cage d'or. Il m'a semblé qu'il ne chantait pas tout à fait comme d'habitude. J'ai eu l'impression d'entendre mon nom, Liao, Liao... J'ai haussé les épaules. C'était impossible, bien sûr.

Le lendemain, je me suis levé tôt, parce que je voulais jouer avec le dragon en bois qu'on m'avait offert, un beau dragon articulé qui avait des moustaches en soies de cochon sauvage, des yeux de nacre et de corail. J'étais debout avant tout le monde. Je suis allé dans la cuisine pour faire chauffer l'eau du thé, mais, tandis que je me penchais vers la flamme, une petite voix crissante m'a appelé :

— Liao ! Hé ! Liao !

Pas de doute, la voix provenait de la cage du grillon du foyer. Je suis monté sur la table de la cuisine, et mes yeux se sont trouvés à peu près à la hauteur des barreaux d'or. Le grillon a soupiré.

— Enfin ! Depuis le temps, j'avais fini par croire que tu ne m'entendrais jamais !

Oh, d'étonnement, j'ai bien manqué tomber de mon perchoir.

— Liao ? Ça va ? m'a demandé le petit prisonnier.

— Euh, euh... mais un grillon n'est pas censé parler, si ? Attends ! Ne me dis rien ! J'ai deviné ! Tu étais un humain, et une méchante sorcière, ou un magicien maléfique, quelqu'un qui a des pouvoirs magiques en tout cas, t'a transformé en grillon pour te punir ! C'est horrible !

Le petit captif s'est gratté le crâne avec une de ses pattes.

— Horrible ? Merci beaucoup ! N'importe quoi. Me punir ? Mais le grillon est la plus belle, et la plus intelligente, des créatures sur terre !

— Ah ? Bon...

— Parfaitement. J'ai toujours été un grillon, et je compte bien le rester ! Tu pourrais être fier, si on te transformait en grillon !

J'ai vivement reculé, manquant encore tomber de la table.

— Non ! Non ! C'est gentil, mais non, merci, sans façon !

— N'aie pas peur, je n'ai pas le pouvoir de te faire ce cadeau, a dit le grillon qui avait l'air un peu vexé. Mon cher Liao, tous les grillons parlent l'humain. Mais en général, nous l'évitons, c'est vrai. Cela fait peur aux hommes, et quand ils sont effrayés, ils ont la mauvaise habitude de nous écraser.

Malgré un peu de crainte, j'ai continué à converser avec notre prisonnier.

— Mais alors, grillon, pourquoi est-ce que tu me parles, à moi ?

— Je t'ai bien observé. Tu m'as l'air d'un très gentil garçon. Pas le genre à m'écrabouiller sans réfléchir. Comme je ne peux pas ouvrir ma cage tout seul, j'ai décidé de te faire confiance.

— Me faire confiance ?

— Je t'ai choisi pour être celui qui me rendra ma liberté !

Je me suis souvenu des paroles de Na, mon arrière-grand-mère.

— Grillon, grillon ! Je ne peux pas faire ça ! Si je te libère, nous allons perdre notre bonheur !

— Mais si moi, je reste enfermé, est-ce que tu crois que je serai heureux ? a demandé le captif en faisant un petit saut sur le plancher de sa cage minuscule.

J'allais répondre, quand ma mère est entrée dans la cuisine.

— Liao ! Qu'est-ce que tu fais, debout sur la table ?

Je n'ai pas voulu trahir le grillon du foyer. Et si ma mère, effrayée, venait à le tuer ?

— Rien, maman. Je voulais juste regarder le grillon.

— Je t'ai entendu lui parler ! Est-ce que tu crois que cet insecte te comprend ? Hi, hi ! Tu pourrais aussi discuter avec les limaces et les araignées !

— Ha ! Ha ! Tu as raison. Je suis idiot !

C'était un bien lourd secret, mais je n'ai rien dit à personne.

Si je ne libérais pas le grillon, au moins je pouvais me taire, et lui épargner un sort pire encore que celui de vivre dans sa cage d'or. Mais j'ai tout fait pour éviter la cuisine, et surtout de me retrouver seul avec celui que nous tenions prisonnier pour préserver notre bonheur. Je ne l'ai plus laissé me parler en tête-à-tête.

Une nuit pourtant, j'ai ouvert les yeux, réveillé d'un coup par cette terrible injustice. Comment pouvait-on garder un être captif, pour s'assurer une vie paisible ? Assurément, c'était un acte indigne. Je suis sorti du lit, j'ai gagné la cuisine à pas de loup, je suis monté sur la table et, dans la pénombre, j'ai ouvert la porte de la cage d'or.

— Tu es libre, grillon, ai-je murmuré.

Puis je suis retourné dans ma chambre.

Le lendemain, j'ai été réveillé par des cris. Je suis sorti de mon lit en me frottant les yeux, et dans le couloir j'ai été bousculé par mon père, qui se précipitait vers la salle du temple des ancêtres. Une fumée grasse, épaisse, s'élevait dans notre maison, pour venir ramper au plafond. Ma sœur a surgi aussi et m'a dit, affolée :

— Une bougie a enflammé un bout de tissu du temple. Il y a le feu dans toute la pièce !

Mon père avait vite éteint le petit incendie, mais chez nous, en Chine, le temple des ancêtres est ce qu'il y a de plus précieux, dans une demeure. Depuis des années et des années, on y faisait brûler des bougies, et rien n'était jamais arrivé.

— C'est une malédiction, a dit Na.

Elle avait l'air triste et effrayé.

Alors j'ai pensé au grillon que j'avais rendu à la liberté, et j'ai frissonné de terreur.

C'est au soir de l'incendie que ma mère s'est rendu compte de l'évasion du grillon. Tout le monde est tombé d'accord pour dire qu'il ne fallait pas chercher plus loin la cause du désastre ; et comme, hélas, notre bonheur s'était enfui, on devait s'attendre à de nouvelles catastrophes.

Au soir, je me suis senti très fatigué. Malade. On a appelé le docteur, qui a dit que j'avais attrapé les oreillons.

J'avais mal, et les joues gonflées comme celles d'un hamster.

Le jour suivant, ma sœur est tombée en se lavant dans la grande cuvette d'émail, et elle s'est cassé le petit doigt.

Sur la terrasse, mon père a vu son éventail précieux, qu'il tenait de l'oncle du père du cousin de son père, s'envoler par la faute d'un coup de vent subit. Ma mère a déchiré, en marchant dessus, la nappe de soie rouge qu'elle avait reçue pour son mariage.

Voilà, c'était entendu : à cause de ma folie, le malheur s'était bel et bien abattu sur notre maison.

— Maudit grillon ! me disais-je. Maudite bête, tu seras notre perte ! Quel idiot j'ai été, de te libérer !

Mais, tout au fond de moi, et malgré ce qui nous frappait, je ne pouvais m'empêcher de me souvenir du petit être qui avait été si longtemps prisonnier, pour assurer notre félicité.

Ce secret était trop pesant. J'ai fini par en parler à Na. Je croyais qu'elle allait me taper sur la tête avec son ombrelle, ou me tirer assez les oreilles pour que je ressemble à un éléphanteau ; elle n'a rien fait de tel.

— Un grillon qui parle. Et toi qui le comprends. Voilà qui est intéressant, a-t-elle dit.

— J'ai amené le malheur sur notre famille, me suis-je écrié, avant de me mettre à pleurer.

— Ah, non ! Ne pleurniche pas ! Tu as fait ce que tu as fait. En libérant le grillon du foyer, tu as au moins réjoui un prisonnier. Une cage est une cage, même si elle est en or. Maintenant, tu vas te rendre au grand temple, et prier le Bouddha pour qu'il t'aide à réparer ton acte.

— Mais j'aurai l'air ridicule, avec mes grosses joues !

Je savais que j'irais, pourtant. On ne discute pas les ordres de Na.

Je sortais dans la rue, la tête emmitouflée dans une écharpe pour protéger mes oreilles du froid, quand une tuile de notre toit est tombée, cassant la statue de chien-lion qui gardait notre porte d'entrée. Les catastrophes continuaient. Pourvu que Bouddha veuille bien écouter mes prières.

Sa grosse statue dorée trônait en haut des marches du temple. Je ne sais si c'était un tour de mon esprit, mais je lui ai trouvé une mine sévère.

En revenant vers la maison, j'avais le cœur plus léger. J'avais longtemps parlé au Bouddha, je lui avais dit qu'il n'était pas juste que toute ma famille paye pour la faute d'un seul, moi, le misérable, le stupide petit Liao. Oui, je croyais que le Bouddha avait pardonné. Mais quand je suis arrivé devant notre maison et que j'ai vu mon père qui s'agitait, avec un serpent lui mordant la fesse, ce qui lui faisait comme une queue, j'ai compris que nos soucis n'étaient pas terminés.

— Sale bête, a dit mon père en se frottant le derrière. Heureusement que ce n'était pas une espèce venimeuse ! Mais il m'a fait mal ! Un serpent dans mon fauteuil ! Et tout cela parce que ce maudit grillon s'est évadé ! De plus, selon la tradition, nous devons attendre trois lunes avant de nous en procurer un autre. Qui sait ce qui nous arrivera d'ici là !

— Hélas oui ! a soupiré ma mère, avant de trébucher sur un tapis et d'arracher un rideau en essayant de retenir sa chute.

Dans la soirée, un voisin est venu demander à mon père de lui prêter un outil.

— N'entrez pas ! a hurlé ma mère, voyant l'homme au seuil de notre porte.

Mais le voisin n'avait pas compris ; il a mis un pied sur le parquet et aussitôt glissé, comme s'il avait marché sur de la glace. Une de ses chaussures a volé dans les airs, puis brisé le carreau de précieux verre soufflé de l'entrée.

— Aaarh ! a encore crié ma mère, tendant ses mains vers le ciel.

Mon acte avait précipité notre foyer dans une épouvantable catastrophe. D'ici trois lunes, la maison avait largement le temps de tomber en cendres, d'être engloutie par les eaux, balayée par un ouragan. Quant à nous, ses occupants, à cette allure nous allions finir dans un état pitoyable.

Je désespérais, quand j'ai entendu un bruit que je connaissais. Un bruit que j'espérais tant.

Oui. C'était le chant du grillon. Aussitôt j'ai senti mes joues désenfler, et la douleur s'est enfuie : mes oreillons étaient guéris. Je me suis assis dans mon lit. Le chant était fort, bien plus que dans mon souvenir. Est-ce que je rêvais ? J'ai allumé la chandelle sur ma table de chevet, et j'ai vu le grillon, qui se tenait là, juste à côté du bougeoir.

— Comment vas-tu, mon cher Liao ? a-t-il demandé.

— Comment ? Comment ? À ton avis ? Depuis que j'ai commis la folie de te laisser partir, c'est la calamité !

Je lui ai raconté ce qui nous était arrivé. Il s'est gratté la tête de cette façon spéciale qu'il a, puis il s'est écrié :

— Eh bien, me voilà. J'ai trouvé que ce n'était pas normal que tu souffres de ton geste gentil, alors je suis revenu. Et pas seul ! Xia, mon épouse, veux-tu te montrer à Liao ?

J'avais maintenant deux grillons sur ma table de chevet.

— Liao, je te présente Xia. Nous nous sommes mariés hier !

Je me suis trémoussé dans mon lit.

— Tu dois retourner dans ta cage ! Il faut que la tranquillité revienne ! Tu es le bonheur du foyer !

— Oh, non, Liao. Je ne retournerai pas dans la cage.

— Mais, mais alors, pourquoi es-tu revenu me voir ? Pour me narguer ?

— Pour te rendre le bonheur, a dit le grillon. Pour que toi et les tiens en ayez encore plus, car désormais il y aura deux grillons au foyer. Nous nous cacherons sous le parquet, ou bien au fond des placards, ou sur une poutre du plafond. Pas besoin de cage.

— Et nous aurons des enfants, a dit timidement la grillonne.

— Bien sûr ! Bien sûr, mon épouse ! Et tout le monde sera libre ! Quelle idée, de vouloir garder le bonheur prisonnier !